JN439552

만인시인선 · 27

테이블 전쟁

제이슨 시집

테이블 전쟁

만인사

시인의 말

나는 2년 전에 경북대학교병원에서 모소 낭종(毛巢 囊腫) 수술을 받았습니다. 그 뒤에 내 마음이 바뀌었습니다. 나는 모든 것에 더욱 진지해졌습니다. 여자친구도 이 사실을 지적했고, 나도 이것을 인정했습니다. 이유는 없었습니다.

수술을 받기 전에는 영어로 소설을 썼고, 한국 친구들이 몇 편의 영어소설을 한국어로 번역해 주었습니다. 하지만 내 소설은 출간되지 않았고, 독자들에게 전혀 읽혀지지 않았습니다.

그래서 나는 한국어로 시를 쓰기로 마음 먹었습니다. 아마도 그것은 시적 마음과 실패한 소설 때문입니다. 나는 이상과 고은 시인의 시집을 읽고 있었습니다. 고은은 그 해 노벨상 수상 후보로 지명되었던 터라서 그의 작품을 읽고 있었습니다.

나는 독특한 작가들을 항상 좋아합니다. 많은 한국 친구들은 이상 시인이 정말 이상하다고 말했습니다. 나는 다섯 편의 시를 쓴 뒤 같은 대학교에 계시는 이광운, 김

효신, 이은규 교수님께 보여 드렸습니다. 세 분 교수님은 나의 소설보다 시가 좋다고 이야기했습니다. 지금도 나는 시를 계속 쓰고 있습니다. 언젠가 유명한 작가가 되고 싶습니다.

나는 미국에서 시를 읽지 않았습니다. 미국은 베스트셀러 시집이 없습니다(나는 베스트셀러 시인이 되기를 원하지 않습니다). 미국은 단지 소설 읽는 사람들의 나라입니다. 한국에는 시 독자가 많습니다. 정말 시를 좋아하는 사람들입니다.

마약 중독자에게 "왜 마약에 중독됐어요?"라고 묻는 것은 시인에게 "왜 시를 써요?"라고 묻는 것과 같습니다. "어떻게?"라는 말이 힘들지 않고, "왜"라는 말이 항상 힘듭니다.

나는 한글로 시를 쓰는 시인이 되고자 합니다.

차 례

차 례

3

차 례

5

| 책 뒤에 |

1

테이블 전쟁

힙합옷을 입은 남자는
신처럼 무리를 지켜본다.
소비의 무리를 지켜본다.

스타벅스 컵과
맥도널드 봉투는
망루 옆에
새로 지은 막사처럼
테이블 위에 놓여 있다.

헤비메탈 포스터

동성애 악마주의자의 찬송가집

공룡의 화석화된 고환

와플 성직

당신이 시에 대해 알기를 원한다면 헤비메탈에 주의를 기울여야 한다.

대필

나는
바울이
하느님의 대필인 것처럼
연역적 생각의 구술을 듣고
한 마디 한 마디
쓴다.

암호 표기

1

어머니는 나의 일기를 읽지 않습니다. 나는 많은 것을 어머니께 말하지 않습니다. 어머니는 내 말을 듣지 않습니다. 내가 공부만 하길 원합니다. 어머니는 오직 일하는 것과 책임에 대해서 말합니다.

2

웬 아이 씽크 어브 헤이트, 아이 씽크 어브 마이 맘.

아임 낫 어론. 랏즈 오버 마이 클래스매스 필 더 세임

3

내 방에 앉아 있습니다. 어머니는 내가 공부만 하고 있다고 생각합니다.

4

아이 돈트 라이크 메이킹 마이 맘 스페셜 폴 섬씽 쉬 이즈 서포스 투 두 라이크 쿠킹 폴 미 앤드 러빙 미 앤드 테이킹 케얼 오브 미.

5

아이 위쉬 댓 쉬 우드 저스트 오브 미 어론.

6

나는 2진 부호를 발견했고 그것들을 어떻게 사용하는지 압니다. 어머니는 인터넷을 사용해서 2진 부호를 풀 수 있는 방법을 쓸 수도 있습니다. 그래도 상관 없습니다.

7

영어는 매우 유용합니다.

8

0110111101101101001000000110110101100000
1001011000010000001110011011000010010000
0011011000110000101101100110011100100000
0110100001100001011001010010111000100000
00100000

9

하지만 나는 어머니를 사랑합니다.

10

왜 내가 이것을 썼을까요?

지구

지구 위에는 바보같은 전쟁이랑
하이퍼리얼 땅에 사는 사람들이 있다.

신은 지구에게 다가와
"당신은 관장을 해야 해요."라고
잘라 말했다.

블랙 32, 혹은 음모

격납고의 중앙에는 3차원의 정육면체가 하나 있다. 이상한 점은 멀리서 보면 정육면체가 납작해 보인다는 사실이다. 이것이 처음에는 중앙에 검은 사각형이 놓인 것처럼 보이지만 자세히 보면 납작하고 검은 2차원의 사각형이 3차원의 형태로 그려지게 된다. 어떤 말로도 의문덩어리인 이 물체를 설명할 수가 없다. 군 부대에서도 이 장치가 무엇에 쓰이는지 알 수가 없었다. 여기 군인들은 정신적으로, 감정적으로, 영적으로 자신들을 잘 통제하는 사회의 힘에 대해 충분히 보아 알고 있기 때문에 모든 일이 가능하다고 믿고 있다. 정육면체를 설명하기 어렵다는 편리한 구실처럼 들리지만 이런 물건에 대해 들어본 사람이 누가 있겠는가? 이 물체의 암호명은 〈블랙 32〉, 최고 기밀을 요구한다. 51 구역은 오히려 이보다 낮은 레벨의 기밀에 속한다. 비밀 그룹의 멤버들만이 이 물체의 존재에 대해서 알고 있다. 공상 과학 소설가나 물리학자도 알지 못한다. 일반적으로 상상할 수 있는 범위를 넘어서는 물체이기 때문이다. 〈블랙 32〉의 아이디어가 어디서 왔는지 설명할 수 있거나 설치 이유에 대해서 속시원하게 답해 줄 사람은 없다. 〈블랙 32〉의 군사적 용도는 도대체 뭐란 말인가? 〈「테이블 전쟁」〉 속의 인물인 찰스와 프랭크가 답변하기로 되어 있다. 〈블랙 32〉, 이 프로젝트는 엄청난 자금을 끌어 모아야 하는 데다가 기밀 레벨이 너무 높아 프로젝트를 변경하거나 중단시킬 힘이 아무에게도 없다는 것이다. 상부기관에서 내려온 명령 때문에 이 일이 수행되기를 원하는 사람이 있다고 다들 그렇게 믿어버렸다. 각각의 부분을 건설한 건설업체나 부분을 따로 따로 연구한 과학자들은 전체 프로젝트를 알지 못했다. 어떤 기술이든 군대에게 사용하게 하는 방법이 언제든지 있었다. 〈블랙 32〉의 용도를 알아내지 못하면 군대에 맡겨 이걸로 사람을 죽이는 방법을 찾게 하거나 다른 나라에게 그 권리를 양도해 버리면 된다. 방에 갇혀서 불만에 가득찬 군인들에게 싸울 의지만 던져준다면 그들은 땅콩 크림과 신용 카드로 무기도 만들어낼 것이다. 훈련이 잘된 요원을 소설에 집어넣어 사건을 통제할 수 있는 허위광고나 스아피 옵션이 있다.

---

*영어로 쓴 소설을 한국어 시로 옮겼다. 몇 차례 편집을 거쳐 완성되었다.

선인장
— 전성애께

사막지대에 모래 바람이 분다

가난한 아랍인이 비틀거리고 있었다

외국 군대가 그의 고향을 피괴하였다

미국과의 불화로, 그리고 내전……

그의 가족은 숯 한 덩어리가 되었다

식량 지원이 없었다. 물도 없었다

사막의 부랑자는 선인장을 보았다

입술은 갈라졌지만 미소 짓는다

가시

가시
장미의 가시
가시는
스포트라이트이다

꽃자루에
주의를
집중하지 않는
스포트라이트

꽃잎에
주의를
집중하는
스포트라이트

눈

1
나는 눈을 뜨고 저쪽을 본다

2
눈이 많이 내린다
눈은 아주 큰 종이이다
종이는 나를 초대한다
종이 위에 나를 쓰고 싶다

3
태양은 신의 담배용 라이터
라이터 불에 눈이 아프다
나는 견디지 못한다

신은 종이에 불을 붙인다
눈은 금세 녹는다
신의 종이이기 때문이다

너는 어떤 서양인인가?

붐비는 버스에서 나는 한국 여자대학생 옆에 앉았다/잠시 후에 몇 사람이 버스에서 내렸다/여대생은 "저쪽에 앉으세요"라고 말했다/그 때 나는 의문이 생겼다/너는 여대생이 내가 더 편하길 원해서 그랬다고 생각하니/아니면, 내 옆에 앉기 싫어서 그랬다고 생각하니/너는 어떤 종류의 서양인인가? 나는 나에게 되물었다

전봇대

전봇대에
전단과 광고가 붙어 있다.

전봇대 앞에서
여자 중학생이
"문제가 생겼어"라고
말했다.

전봇대 앞에서
남자 중학생이 본능적으로
"잘못 생각하고 있다"고
말했다.

전봇대 앞에서
"나 임신했어"라고
펑펑 울었다.

전봇대 앞에서
호기심이 두려움으로 바뀌었다.

전봇대 앞에서
광풍이 몰아쳤다.

무관심

폴포트
망할 놈의 가난
부정한 정부
무관심
다르푸르
무관심과 무지
아프리카
그냥 나라
에이즈
두려움

우리 모두 지옥에 갈 거예요.

어쩌구 저쩌구

"다이어트 시작할 거야"
"공부 열심히 할 거야"
"술과 담배를 끊을 거야"
어느 대학생이 로보트처럼 말했다

"운동 열심히 할 거야"
"살 뺄 거야"
"일찍 일어날 거야"라고
어느 로보트가 학자처럼 말했다

대한민국

나는 총 없는 대한민국을 좋아한다
이것에 대해 시를 쓰는 것을
정말 좋아한다

나는 안전하게 여기에 있기 때문에
집으로 돌아가지 않는다

아마도 너는 그것을 비웃을 것이다

이것에 대해 시를 쓰는 것을
정말 좋아한다

어정쩡한 대답

"어떻게 지내?"
"정말 포스트모던하게"
"무슨 뜻이지?"
"글쎄… 아직 몰라."
"……"
찌푸린 얼굴

한 군인은 너무 오랫동안 DMZ에 서 있다.

혼란

퇴근할 때
붐비는 녹색선 지하철에서
하느님은 장삼을 입고 계셨다.
잠 사이 렘(R.E.M)처럼
혼란은 거푸 아물거렸다.

나는 정류장을 놓쳤다.

2

전화

(누군가 말합니다) 여보세요?
(누군가 말합니다) 여보세요?
(누군가 말합니다) (숨을 내쉬다)
(누군가 말합니다) 여보세요?
(누군가 말합니다) (……)

혼선처럼 득시글 득시글한 느낌

진짜, 나는 꿈에서 이 시를 보았다

내가 어렸을 때
곤충의 소리를 듣는 것을 좋아했다.
소리를 들었다, 또 들었다.
요즘 포토리얼리즘의 땅에서는
곤충 언어를 알아 듣기 어렵다.

미안해, 나는 진짜 심심할 때 이 시를 썼다

김유정이 수학자였다면
「봄봄」을 썼을 때
「봄^2」라는 제목을 붙였을 것이다

H_2O

수소 두 개와 산소 한 개

불안정한 모반자 셋이
친구가 된다.

같이 있을 때
생명을 주는 박애가 된다.

샴 쌍둥이처럼 그들은 결합한다.

모체

"자 여러분, 이제 시작할 시간입니다. 조용하세요. 조용". 선생님이 어린 학생들에게 말했다. 그녀가 말한 것이 들릴 수 있다면 말이다. 약간 시간이 걸렸지만 어린이들은 모두 각자의 '책상'에 앉았다. 모두들 조용해졌을 때, 0100110101110011001011100010 00000100010001101111101110100는 '칠판'에 '쓰기'를 마쳤다/ 그녀는, 제발, 아이들이 반만이라도 흥미를 보이고 반응을 보이기를 그녀는 바랬다/ 0100 110101110011001011100010000000100010001101111101110100는 아이들이 자신이 가르치는 내용을 좋아할 때 기뻤다.

$$N \rightarrow \boxed{f} \rightarrow f_n$$

이 공식이 뭔지 다 알고 있죠?

$$\begin{pmatrix} X \\ Y \\ Z \end{pmatrix}$$

0100110101110011001011100010000000100010

00110111101110100는 칠판에 이렇게 썼다/ '수업'을 시작하면 그녀는 모든 것을 아이들에게 가르쳤다. 상식처럼 보이는 내용이라도 배경 정보가 필요한 아이들은 언제나 있었기 때문이다/ 010011010111001100101110001000000010001000110111101110100은 이 '수업'을 좋아했다. 작년 수업은 너무 산만하여 별로 좋지 않았다. 이번은 새 반이고 새학기 0010100100111101010101이다/ 010011010111001100101110001000000010001000110111101110100은 아이들도 기쁘게 웃음을 지어 보였다. 아이들이 해답을 알고 있다는 '자신감'이 있었다/ 아주 잘했어요. 그녀는 '말했다' / '교실'은 다른 '교실'과 구조가 똑같다/ 벽과 바닥, 천장에는 전선으로 가득 뒤덮여 교실 전체는 마이크로칩처럼 보였다/ 진짜 그렇지는 않지만 독자들이 상상하는 데 도움을 주기 위해서다. 이 공간을 실제로 상상하는 건 불가능하다/ 책상, 의자, 쓰기가 없는 교실을 상상할 수 있을까? 아마 없을 것이다. 물체를 구성하는 원자도 없을 것이다. 다양한 색을 반사하는 빛도 없고 사물을 부패시키는 공기도 없을 것이다/ '벽' 을 덮고 있는 초록색 그늘(실제로는 없다)은 '아이들' 이 앉아 있는 '책상' 과같다.0100110101110011001011100010000001000100011011111011110100는 '해' 를 거듭할수록 똑같은 내용을 반복하지만 '아이들' 은 그녀가 지루하지 않도록 도와준다.

이건 기본적인 내용이라고 0100110101110011001011100010000001000100011011111011110100는 생각했다. 이걸 모르는 사람이 있다면…그녀는 그런 아이가 있다고 생각하고 싶지 않았다/ 아무것도 없는—철학자들이 *니힐리*오라고 만들어낸 무념—정말 0도 없는—개념이라고 불렀다. 커피숍에서 놀고 있는 사람들 빼고는 아무도 이 개념을 심각하게 생각하지 않는다/ 0100110101110011001011100010000001000100011011111011110100는 그런 '사람들' 에게 별로 신경쓰지 않는다. 자신이 진짜 '직업' 을 가지고 있다고 생각하고 있다.

$$
\begin{pmatrix}
a_{11} & a_{12} & a_{13} & \cdots & a_{1j} \\
a_{21} & \cdots & \cdots & \cdots & \cdots \\
a_{31} & \cdots & \cdots & \cdots & \cdots \\
\cdots & \cdots & \cdots & \cdots & \cdots \\
a_{i1} & \cdots & \cdots & \cdots & a_{ij}
\end{pmatrix}
$$

01001101011100110010111000100000010001000110111101110100는 아이들이 이전의 P/Q 시스템 없이는 절대로 살 수 없을 거라고 생각했다. 모든 사람들의 인생은 이것과 연관되어 있다. 매일 일상적으로 계속 되는 부분이다/

$p \cup q$ check

$p \vee q$ check

$p \equiv q$ check

$p \cdot q$ check

이 ‘아이들’이 자신의 ‘아들’보다 훨씬 나았다. 아들은 미쳐서 그녀를 떠났고 그의 인생도 ‘망가졌다’/

n×s matrix

01001101011100110010111000100000010001 0001101111101110100는 그녀의 ‘아들’을 생각했다. 항상 아들을 생각한다. 그러나 모멸감보다는 ‘희망’이나 ‘사랑’과 같은 단어를 생각했다. 이런 생각들이 그녀를 잠시 멈추게 했다. ‘아이들’ 중 한 명이 ‘기침을 했다.’ 그녀는 다시 현실로 ‘되돌아 왔다’/

P(QR) = (PQ)R

그때 ‘종’이 휴식시간을 알렸고, ‘아이들’은 ‘교실’ 밖으로 뛰어나갔다.

---

* 이 시는 영어로 쓴 소설을 한국어로 옮긴 것인데 몇 차례 편집을 거쳤다.

벙벙하다

나는 마음이 무척 바쁘다.

허수무한수복소수괴대수초월수무리수……

일 더하기 e의 *iπ*제곱은 제로……

코사인 세타 더하기 *i* 곱하기 사인 세타는 e의 *i*세타……

여기, 여기 있어, 질문에는 뭔가
순간 깨닫게 하는 것이 있다.

유레카라고 소리치고 싶지만
인생은 영화 같지 않아서
나는 그냥 풀 위에 앉는다.

아기자기한 허수

-1의 제곱근

i

허수

$\sqrt{-1}$

허수 곱하기 허수는 허수의 제곱이다.
음수 곱하기 음수는 음수이다.
허수는 오직 나를 매혹한다.

點

한 점이 이사하면 모자는 묘지가 된다.

그 점은 오히려 'ㅁ' (상자)을
'ㅈ' (술취한 X)보다 더 좋아하는 것처럼 보인다.

點과 線

한 점을 더하고 日은 白이 된다.

한 선을 더하고 日은 目이 된다.

한 점을 빼고 日은 口이 된다.

모든 사랑 이야기들

1

바꿔 말하면 그들은 끝내주는 커플이었다. 그들은 너무나 완벽했다. 보통 인간은 그들과 같지 않았다.

남자 : 세련된, 잘생겼고, 도덕적이고 똑똑하다.

여자 : 세련된, 아름답고, 도덕적이고 똑똑하다.

2

그들에게는 약간의 신기한 우연의 일치가 있었다.

남자 : "바나나 있어요?"

여자 : "네, 왜요?"

남자 : "나의 할아버지는 바나나 껍질을 밟아 미끄러져 돌아가셨어요."

여자 : "바나나는 저의 할아버지가 가장 좋아하는 과일이었어요."

3

그들의 관계는 지적이고 재치가 있었다.

남자 : “재밌어요?”

여자 : “네, 재밌어요.”

4

어떤 사람이 분쟁을 일으키다.

남자 : “어떻게 나한테 그럴 수 있어요?”

여자 : “그건 오해예요.”

5

누군가 그들의 꿈이 실현되도록 도와 주었을 때 그들은 결국 다시 만났다.

여자 : “나의 꿈을 깨닫게 하고 학위를 얻는 데 도움을 줘서 너무 고마워요.”

여자 : "정말 내가 시험 치는 데 큰 도움을 줬어요."

남자 : "그건 아무 것도 아니었어요. 나는 세종대왕의 모든 작품들을 읽었고 청각전기공학 수업에서 배운 방법으로 세종대왕에 관한 정보를 이어폰을 통해 알려줄 수 있었어요."

여자 : "이러한 도구를 구할 돈이 어디 있었어요?"

남자 : "당신을 사랑하기에 내 컴퓨터 게임들을 팔았어요."

여자 : "정말? 나도 당신을 너무 사랑해요."

고스톱

당신이 가진 패가 무엇인지는 알아도
다른 사람들이 고스톱 치는 것만 봐서는
알 수가 없다

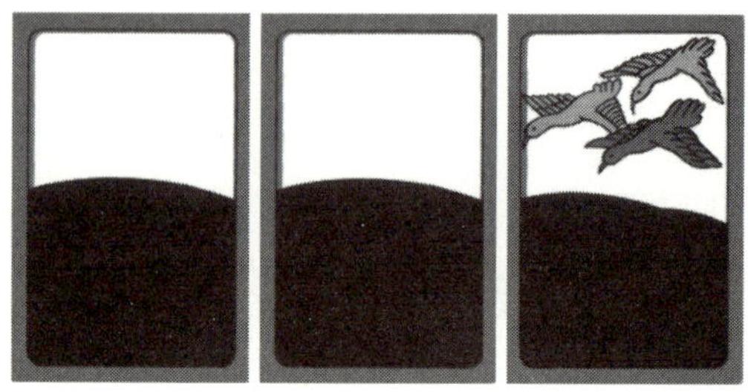

불모지 두 개와
세 마리 새가 난다
마침내 노을

식물이랑 동물이랑 리본의 땅에서
유일한 사람은 손으로
유일한 우산을 갖다

달리의 빨간 땅에 이르는 길

사슴은 어떤 것을 본다.
어느 커다란 사냥감?
우산을 쓴 사람?
남자 사슴?

새여,

새여,

태양을

보지 마세요

너의 눈은 죽을 거에요

선글라스를 써야 해요

하늘에 떠 있는 닭머리

한자 쓰기 빨간 배
한자 쓰기 빨간 컵
한자 쓰기 빨간 핸들 없는 숟가락

아니면
어느 꽃은 숟가락을 사용한다.

식물은

빨간색이 있는

흑백 텔레비전

미래 말

내 손은 말을 쓰고 만든다.
내 뇌는 말을 생각하고 만든다.
내 입은 말을 말하고 만든다.
내 눈은 말을 보고 만든다.
나는 새로운 속어를 만드는
아이를 낳는다.

3

존 바스의 방법

삶 은 되 풀 이 하 여 가 고

페이지를
넘기세요

어떤 시

 은

몰라요

진짜

몰라

── 어딘가에서 마침표가 존재합니다.

시의 집

시의 고상한 집에 왔습니다.
마치 시가 그렇게 하도록 말한 것처럼
시는 저희에게 이야기들을
간단히 말했습니다.

신들의 훨캡

윤회전쟁자멸획일
윤회전쟁 자멸획일
윤회전쟁 자멸획일
윤회전쟁 자멸획일
윤회전쟁 자멸획일
윤회전쟁 자멸획일
윤회전쟁 자멸획일
윤회전쟁 자멸획일
윤회전쟁 자멸획일
윤회전쟁 자멸획일
윤회전쟁자멸획일

(이 종이를 돌리세요)

……팽팽 돌다

영원으로 팽팽 돌다

영원!

인간들이 같은 실수들은

반복하는 것을 멈추는 데

걸리는 시간은 영원에서 하루이다

윌리엄 카를로스 윌리엄스의 방법

미안하게도

나는 마트에갔다

당분이많은 식품을 원해

마늘과 쑥으로만

20일을 견디는 것은 심심해

제발 너는 나를 용서해

내가 네가 그 80일 동안 모든 변화를 겪도록

하게끔 했다고 느낀다

— 호랑이

말세론

과목명 : 지구행복연구 1-1

주제 : 언제 이 땅이 마지막으로 행복하게 될 것 인가에 대한 연구

지뢰찾기

— 시작/프로그램/게임/지뢰 찾기

초급 : 7초
중급 : 29초
고급 : 119초

심심하거나 게임하며 논다.
시간을 낭비하거나 커닝한다.

명암

셔터를 통해 햇빛이 흘러 들어온다

암흑

밝음

암흑

밝음

암흑

밝음

A CHECKERED PAST

음과 양

메터픽션

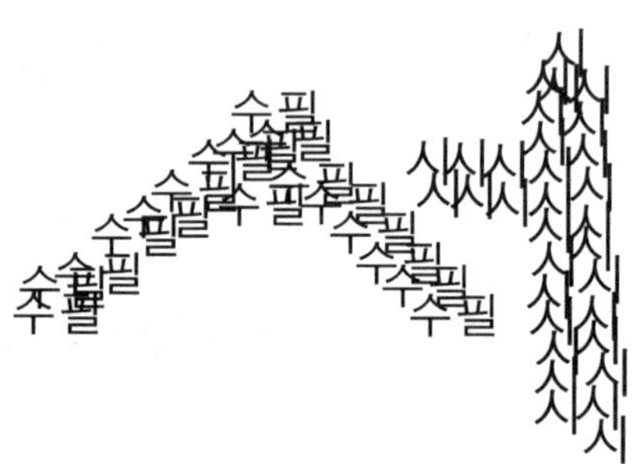

히틀러의 코 밑 수염

■ ■ ■

코밑수염때문에너는히틀러를쉽게알아볼수있다

■ ■ ■

남자가히틀러의코밑수염을기르고있을때다른사람들은"히틀러와닮았다"라고말한다

아래 쪽으로

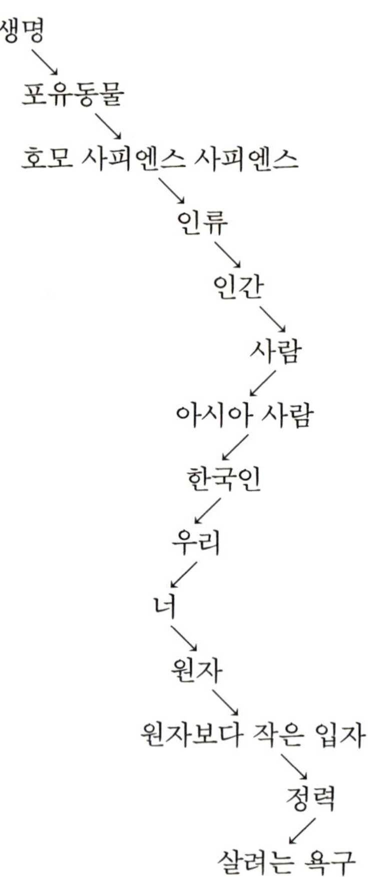
생명
포유동물
호모 사피엔스 사피엔스
인류
인간
사람
아시아 사람
한국인
우리
너
원자
원자보다 작은 입자
정력
살려는 욕구

벼루

종이부터 종이까지—
종이더미를 통과하여—
　　　　　　잉크가 흐를 것이다
　　　　　　또는 여행할 것이다
잉크는 다른 종이들과 함께 살 것이다

황무지

나는 지구를 진단하는 놈이다

— 극지방의 얼음

『내가 세상을 쳐부수다』 제2권

내가 세상을 쳐부수다, 제1권
제이슨 지음

153*210 | 1005쪽
ISBN 89-5446-1465-00036444
2005년 2월 9일 발행
각 권 값9,000원 (권수:1)

매일 제2권을 쓰는 것을 시도하지만 시작하지 못했다

컴퓨터의 시

그는 그것을 원하고 있을까? 그것을 할까? 알았어. 이번에 될 수 있을까?
그들은 간다… 그것은 저 작은 상자를 통과할 필요가 있다.
지금, 캐런은 옷을 벗고 있다. 신발도 벗고 있다.
하나씩 그것들을 뒤꿈치로 풀고 있다.
오른쪽… 그리고 다만 몇 켤레 안 되는 신발들만.
월더는 사냥꾼이었고 그 분야의 시조였다.
캐런은 정말 그 시절에 몰랐다…고 말할 것이다.
자, 저 작은 부분을 지나가라. 너는… 가도 좋다…

나는 그 이야기에 대해 닥치는 대로 계속 타자를 칠 필요가 있다:
"조작된."

---

*이 시의 저자는 컴퓨터이다.

개념

이것은 정사각형이 아닙니다
이것은 정사각형 라벨이 붙는
두루뭉수리한 무언가입니다
이것은 시의 개념입니다
눈을 감으면, 이것은 그냥 생각입니다
이것은 '것' 을 여깁니다
이것은 無有입니다
이것은 有無입니다
이것은 反無입니다
이것은 反有입니다

오이/피클

쓰는 사람은 언제 작가가 되는가/작가는 언제 시인이 되는가?

하이퍼그라피아

시인과 소설가의 설사말

존 바스의 방법

삶 은 되 풀 이 하 여 가 고

페이지를
넘기세요

4

거짓말

나는 종이에 거짓말한다
모든 다른 저자들처럼

종이 위에
거짓말의 이야기가 소복하다
소문 없이 내린 눈처럼

시가 뭐예요?

종이 위에 펼쳐진 손가락을 봐요
종이는 갈색 테이블 위에 있어요

존재론은 정말 존재하나요?
형이상학은 실제로 존재하나요?

점점점

나는 검은 펜을 씹어요

시가 뭐예요?

나는 영감을 얻고 싶어요

점점점

그것은 쉬운 질문이에요
시는 여백 속에 있어요

오리발 내밀고 있다

흐음… 나는 제이슨예요?
흐음… 나는 인간예요?
흐음… 나는 사람예요?
흐음… 나는 선생님예요?
흐음… 나는 작가예요?

나는 존재해요.

나 있어요.

나는 펜과 종이의 소유자예요.

이상

젊은이의 적
아방가르드의 감독

저는 헷갈려요

당신의 시 앞으로
걸어갑니다
당신의 시 뒤로
걸어갑니다
당신의 시 안으로
들어갑니다

잭슨 폴락

예술이 어떠해야 하는지에 대한
모든 것을 요약했다. 당신이
정말로 그를 미워했든지
아니면 진정으로 사랑했든지.

취한

무거운눈꺼풀이있어
중량급권투선수는내위에앉아
뇌는손발에게신호를보내지않아
아무리생각해보아도
나는내발을찾아낼수없어
내침대는소용돌이치는물에있어
나는토네이도에누워
방광은내주의를끌어
변기는나를불러들여
나는변기에키스하여

나는맥주를안마실거야
결코나는맥주를마시지않을것이다
내일나는맥주를다시마실거야

단어 운동

反復이 되뇌고 反復이 되뇌고 反復이 되뇌고 反復이
되뇌고 反復이 되뇌고 反復이 되뇌고 反復이 되뇌고
反復이 되뇌고 反復이 되뇌고 反復이 되뇌고 反復이
되뇌다 反復이 되뇌고 反復이 되뇌고 反復이 되뇌고
反復이 되뇌고 反復이 되뇌고 反復이 되뇌고 反復이
되뇌고 反復이 되뇌고 反復이 되뇌고 反復이 되뇌고
反復이 되뇌다 反復이 되뇌고 反復이 되뇌고 反復이
되뇌고 反復이 되뇌고 反復이 되뇌고 反復이 되뇌고
反復이 되뇌고 反復이 되뇌고 反復이 되뇌고 反復이
되뇌고 反復이 되뇌다 反復이 되뇌고 反復이 되뇌고
反復이 되뇌고 反復이 되뇌고 反復이 되뇌고 反復이
되뇌고 反復이 되뇌고 反復이 되뇌고 反復이 되뇌고
反復이 되뇌고 反復이 되뇌다 反復이 되뇌고 反復이
되뇌고 反復이 되뇌고 反復이 되뇌고 反復이 되뇌다

되뇌어야 하는 말은 “되뇌다”라고 되뇌세요

안대

나는 내키지 않는 마음으로 안대를 쓰고 있다
할리우드 해적처럼 큰 검은 안대
검은 펠트 원은 한쪽 눈이 멀다
한국의 일부 지역은 눈이 멀다
나는 사이클로프스이다
안대는 내 독방이다
주변 시야는 안대에 한정되어 있고
동경하는 시력은 한정되어 있다
　　지방 대학생들
　　지방 대학 생활
　　X세대에 속하는 사람
　　중산계급의 사람
　　서구화된 한국 사람들
　　책임감 없는 술 취한 외국어 학원 강사
　　반쪽 영상
　　그림자
안대를 쓰고 있으므로
태양은 반원이다

세상은 꼭두각시 인형의 그림자이다
안대를 정말 벗고 싶다

상처

일에 중독된 아빠가 아들과 함께
어느 부부가 경영하는 레스토랑에 있었다
아들은 미국에서 오랫동안 영문학을 공부했다
아빠와 아들은 오래 얘기하지 않았다
엄마가 돌아가셔서 그들은 만나야 했다

—저어…
아빠는 코방귀를 뀌었다
—흠…
아들이 말했다
—여기 치킨은 맛없어.
아빠가 무심코 말했다
—어.
아들이 대답했다
한동안 침묵이 흘렀다
—글쎄… 먹고 싶어?
—아니오.
—그래

그들은 조용히 불고기를 먹었다

담배 연기가 자욱했다
석쇠 연기가 자욱했다
할 말은 했다

흐음

거—
음—나는 시인이 아니야
아—어—돌멩이에 걸려 비틀거리며
쓰러지는 것처럼 말이 비틀거리며
쓰러진다
대주가가 서울시내의 인도를 비틀거리는
걸음걸이로 걷는 것처럼 말이
비틀거리며 쓰러진다
ㄷ—대주가는 인도가 매우 좁다고
생각한다
나는 시가 매우 좁다고 생각한다
홍—그렇다면 나는 장황하게 쓴다
저—

원고지
— 김수민에게

원고지의 정방형은 글자를 투옥하지만
작가는 글자를 석방시킨다

정방형의 선은 글자의 자유를 구속하지만
펜의 잉크는 글자에게 자유를 준다

말은 노예처럼 해방의 자유를 느낄 수 있다

비둘기

비둘기는 내 빵을 먹고 싶어
나는 비둘기에게 이야기해

"안녕"

"저는 제이슨입니다"

아니면

"나는 제이슨예요"

아니면

"나는 제이슨이다"

만약 비둘기가 나의 조상 중 한 분이라면?
線은 내가 앉아 있는 콘크리트에 있니?

쓰레기통

— 이광운 교수께

못에 긁힌 쓰레기통 가까이
또 다른 쓰레기통이 하나 있다
긁힌 자국과 낙서로
가득한 텅빈 쓰레기통은 외롭다
이것이 울 수 있다면
많은 눈물을 흘릴 것이다
사람들은
많은 폐기물과 오물들을
외로운 금속통에는
버리지 않는다
옆에 긁힌 쓰레기통과 비교된다

나는 말을 느낀다

나는 항상 단어를 느낀다.
나는 단어를 사랑한다.
나는 단어의 열광자이다.
나는 그것들을 느끼고 보고 냄새 맡고
어디에서든지 그것들을 생각한다.
꼴딱꼴딱 꼴딱꼴딱

나는 단어의 열광자이다.
내가 아침에 이를 닦는 것처럼
무언가를 할 때 나는 칫솔에서
치약에서, 이를 닦는 행동에서도
단어들을 볼 수 있다.
꼴딱꼴딱 꼴딱꼴딱

박상륭

잠의 열매를 매단 나무는 뿌리로 꿈을 꾼다

신을 죽인 자의 행로는 쓸쓸했도다

*죽음의 한 연구**

내가 읽기에는 어렵습니다.

어떻게 이 소설들을 출판했습니까?

---

* 박상륭의 소설집

요

대단한 요……
골프 티에 골프 공 같아요
거대한 철학자의 대리석 흉상 같아요
거꾸로 된 핫도그 매대 타이어 같아요
왕이 희생을 치른 체스 폰 같아요

불쌍한 요……
항상 선의 끝에 서요
모든 존댓말 문장의 끝에는 요가 있어요

서점에서

손님 없는 책방 위에
한 에스컬레이터는 올라가고
한 에스컬레이터는 내려간다
오오, 독자, 어디에요?

결국 한 손님은 올라오고
에스컬레이터에
세계 이차 대전 때 활동했던
잠수부처럼 떠오른다

5

시뮬라크르

당신의
자녀가
한국말을
잊어 먹을
정도로
영어를
배우도록
하는
것

복거일

▽조선일보;1998년 7월 10일 (금) 19:24 입력

복거일이 영어가 한국의 국어여야 한다고 했을 때 한국인들은 그의 의견을 좋아하지 않았지만 한국인들은 영어를 한국의 국어인 것처럼 공부하고 있다.

우리 아이들은 배운다

우리 아이들은 셰익스피어와 이광수를 배우기 전에 FUCK와 SHIT와 PUSSY와 ASS와 **씨발**과 **보지**를 배운다

배고픈 발

흙—진흙—먼지—
발은 땅 가까이 살고 싶다
학원 수업 책상에는 앉지 마세요
양말은 땅 가까이 살고 싶다
비좁은 사무실 책상에는 앉지 마세요
신발도 땅 가까이 살고 싶다
어디에서든 서 있어야 해요

발자국을 남기다
양말은 닳아 없어
땅 위를 맨발로 달린다
그냥 항상 서 있어야 해요

한글

동사는 첫째이고
전치사는 둘째이고
의미론은 셋째이고

동사 활용
루빅큐브를 이리저리 돌려 맞추다

복합문
루빅큐브의 한 쪽면 색깔을 다 맞추다

문법적으로 올바른 문장
루빅큐브를 다 맞추다

가슴

가슴 안에 봐

정신을 차려

내 말을 알겠어?
아마도 조금 오해했어

하나의 ㅈ과
하나의 ㅓ와
하나의 ㅇ과
하나의 ㅅ과
하나의 ㅣ와
하나의 ㄴ을
찾아

한국말에 관한 내 꿈
한국말은 내 꿈을 담고 있다
한국말을 알고 있는 나에 관한 내 꿈
구와 ㄱ ㅁ 사이 한국말이 존재한다

한글 나라의 사람들

ㅁ

우리는 알 수 없는 꾸러미 하나를 얻었다? 꾸러미 안에는 종이가 있었다? 11128 장의 종이에 무언가 쓰여 있었다? 퍼즐이 있었다.

의

그 퍼즐은 지도였다. 그 집은 모퉁이에 있었다. 우린 그 집으로 가야했다. 우린 삶의 의미를 찾으려 했다.

으

그래서 해가 지평선 위로 막 떠오를 때 우리는 차 밖으로 나왔다.

ㅡ

길은 길었다. 매우 길었다. 우리는 차를 오랫동안 타고 갔다.

쓰

우리는 산으로 차를 타고 갔다. 그곳이 그 지도에 나타난 곳이었다. 산 속 어딘가에 우리가 찾고 있는 장소가 있었다.

못

내 친구는 멍텅구리〈blockhead〉였다. 하지만 그는 여전히 친구였다. 또한 그는 이 퍼즐을 푸는 데 많은 도움이 될 것이었다.

옷

졸라맨 같다. 내 친구였다. 그는 나만큼이나 11128이 의미하는 것을 밝혀내는 데 관심이 있었다. 그는 나만큼이나 세상에 대해 많은 호기심을 가지고 있었다.

홋

그도 내 친구였다. 그는 항상 모자를 썼다. 그가 모자를 쓰지 않은 적이 있었는지 기억나지 않는다. 이렇게 우리들 네 명은 문제를 해결하기 위해 조사하러 나섰다.

읃

이 퍼즐을 풀 수 있는 확률은? 2번의 기회에 0번이다. 우리에겐 가망성이 없었다. 모자를 쓴 내 친구는 통계학에 능했는데 그것은 그가 주로 농구 게임을 보는 것을 좋아했기 때문이었다.

슴

우리는 마침내 산 속의 어느 집에 들어갔다. 지도는 그 집에 있는 바로 그 곳에서 끝이 났다.

있

그 나쁜 남자가 있었다. 그의 얼굴에 알이 하나 달린 안경을 쓰고 있었다. 그리고 팔자 모양의 콧수염이 있었다. 그 모두가 그럴 듯했다. 우리는 그 집에서 그의 사진을 보았다. 몇 장의 그의 사진과 또 공범자의 사진과 숫자 11128이 있었다.

ㅒ

앞문이 잠겨 있어서 약간 열려 있는 창문을 통해 사다리를 타고 올라갔다.

ㅠ

나쁜 남자는 그 곳에 없는 것 같았다. 하지만 탁자 하나가 있었다.

퓨

탁자 위에는 상자가 하나 있었다.

ㅁ

상자 속에는 종이가 한 장 있었다.

ㅠ

종이에는 원주율이 쓰여 있었다.

ㅊ

내가 밖으로 나가 주변을 살피는 동안 내 친구는 그 집을 좀 더 둘러보았다. 멀리서 나는 누군가가 거기에서 있는 것을 보았다.

꿹

그 후 내 뒤로 그 집은 폭발했다.

훗

모자 쓴 내 친구는 그 폭발로 죽었다.

뭇

그리고 내 멍텅구리 친구도 죽었다.

옥

우리와 함께 온 나의 세 번째 친구는 그 폭발로 죽지는 않았지만 한 쪽 다리를 잃었다. 내 친구 중 두 명은 죽었고, 한 명은 다리 하나를 잃었고, 그 나쁜 녀석은 잡히지 않았다. 우리는 파이와 11128의 정체에 대해 결코 밝히지 못했다.

영어 공부하고 있어요

한국남학생—
이 TOEIC
그 TOEFL
저 TEPS
—공부—면학—학습
저 영어 학원 그 가정교사
고등학교 영어 수업—
그 CBT
see—bee—tea……
그 IBT
eye—bee—tea……
영어를 배우다
조금 잔다
더 공부하다
편두통
—연구—많은 연구
young—goo……

낮과 밤 동안
모두 배울 시간은
턱 없이 부족하다
대학교 영어
—영어문학
—의미론구문론
—어쩌구 저쩌구론
—영어소설—영어시
어휘—
새 어휘 다른 어휘
몇 년 동안 공부하고 배운다
12년 동안 영어를 공부한다
단어 4개—
단어 666개—
단어 1950개—
—천구백오십……
단어 590,911개—

—fivehundredninetythousandnine hundredandeleven……

그 때 지원하던 자리에 취직되다

그는. 영어를. 말하지. 않는다.

그래서 영어는. 없다.

영시

THIS POEM WILL
BE READ TO
IMPROVE ENGLISH SKILLS,
NOT
FOR
CONTENT

그가 우리에게 왔다

박진형(시인)

1

지난 해 늦은 봄날, 묘령의 아가씨한테서 한 통의 전화가 출판사로 걸려왔다. "친구가 시집을 내고 싶은데 어떻게 하면 되겠느냐"는 내용이었다. 우선 원고를 한번 검토해보자고 하였다. 얼마 뒤 사무실로 아가씨와 벽안(碧眼)의 거구인 한 사내가 찾아왔다. 나는 처음에 의아했다. 줄무늬 남방에 헐렁한 멜빵 바지를 입고, 짧게 깎은 머리에 안경을 쓴 외국인은 흡사 그림 속의 달마상 같았다.

묘령의 아가씨 K양이 자신의 남자 친구라고 소개하였다. 스물일곱살의 미국인 제이슨 로저스(Jason Rogers), 그는 모택동 초상이 그려진 누런 천가방을 열고 다소 수줍은듯 원고를 내어놓았다. 나는 여러 편의 시를 읽어 보면서 번역시이냐고 물어 보았다. 그녀는 친구가 직접 한글로 쓴 시라고 말했다. 나는 일순

호기심이 발동하였다. 처음에는 외국인이 장난삼아 쓴 시려니하고 찬찬히 읽어 나갔다. 미국 청년이 쓴 시는 충분히 신기하고 충분히 새로웠다. 그의 모국어인 영어가 아닌, 변방의 작은 나라의 한글로 시를 쓴다는 사실에 나는 흥분을 감출 수가 없었다. 이런 예를 들은 적도, 본 적도 없었기 때문이다.

제이슨은 그렇게 나에게 다가왔다. 봄날의 한 줄기 섬광처럼.

2

그러나 나는 좀 더 시간을 두고 제이슨을 지켜 보기로 하였다. 당장 시집을 내기에는 부족하다는 것과 한글로 계속 시를 쓸 수 있을까,하는 의구심이 들었기 때문이다. 제이슨에게 한 달에 한번씩 시를 점검해보자고 하였다. 그도 그러겠다고 대답하였다. 약속한 날에 어김없이 새로운 시들이 보태진 가제본을 들고 나타났다. 물론 K양과 동행이다. 나는 그가 심심파적으로 시를 끄적이고 있지 않다는 확신이 생겼다.

가을 무렵, 그에게 느닷없이 새로운 제안을 하였다. "제이슨, 이제부터 내 시 제자해."라고 하자, 그도 흔쾌하게 "그러하겠습니다."고 대답하였다. 그 뒤부터 우리의 만남은 더욱 잦아졌다. 나는 끊임없이 한글로, 그는 끊임없이 영어로 말한다. 눈짓, 손짓, 심지어 한글로 필담(筆談)을 나누다 어색하면 웃음으로 때운다. 그래도 소통 부재에 걸리면 그 간극을 여자친구가 통역으로 대신 메꾸어준다.

제이슨이 한국에 관심을 가진 것은 미시시피주립대학교 시절부터이다. 같은 과로 유학 온 K양을 만나면서였다. 그녀는 제이슨에게 영어를 배웠고, 그는 반대로 K양에게서 한글을 배웠다. 서로 호혜 관계인 셈이다. 그는 한국에 푹 빠졌다. 그녀가 귀국하자 대학을 졸업한 제이슨은 곧장 그녀가 있는 한국으로 날아왔다.

제이슨의 한국생활은 올해로 5년째, 처음에는 원어민 강사로 학원에서 어린 학생들에게 영어를 가르쳤으나 지금은 대구가톨릭대학교에서 5학기째 영어회화를 강의하고 있다. 올 하반기에는 동대학 국어국문학과 대학원에 진학하여 본격적으로 한국문학을 전공할 예정이다.

그는 시간이 날 때마다 도서관이나 서점에 가서 한국의 시와 소설을 읽었다. 독서량은 탐욕스럽다. 가방에는 항상 새로 나온 시집과 소설책이 들어 있다. 그는 평이한 것을 싫어한다. 이상을 좋아한다. 한국의 시인들도 어렵다고 고개를 흔드는 이상을 좋아하다니 그의 시적 경향은 특이하다. 고은과 유명 시인들의 시는 물론 박상륭, 복거일, 김원일, 이외수 등의 소설도 즐겨 읽는다.

수필가 한흑구 선생이 열일곱살 때 혼자 아버지를 찾아 미국으로 건너갔다. 영어를 한 마디도 하지 못했지만 일 년 남짓 미국시를 읽고 베낀 뒤 영어에 눈을 떴다는 글을 본 적이 있다. 제이슨도 한국말보다는 한국시와 소설을 통해서 한글을 먼저 깨쳤을 것이다.

그는 한글로만 시를 쓴다. 영어로 소설을 쓴 적은 있지만 시를 쓴 적이 없다고 한다. 지난 겨울 방학 때는 하루에 15시간씩 시공부를 했다고 하였다. 종일 시만을 생각했다. 길을 가다가도, 밥을 먹다가도 시를 생각했다. 심지어 꿈 속에서까지 시를 썼다. 「진짜, 나는 꿈에서 이 시를 보았다」고 고백할 정도이니 말이다. 새삼 문학이 전부였던 나의 문청 시절이 떠올라 그의 문학적 열정이 부럽기만 하다.

3

적어도 나의 눈에 비친 제이슨은 기품이 있고 양심적인 미국인이다. 상대방을 얕잡아보거나 으시대지 않고 겸손하다. 외양은 전형적인 서구인이지만 그의 내

심은 한국을 깊이 이해하고 숨쉬려고 애쓴다.

지난 3월 초, 『제이슨의 천재적인 초대규모 시집』이란 가제를 단 400여 편의 시를 가지고 왔다. 그의 성실성 앞에 두 손을 들고 말았다. 나는 더 이상 그에게 시를 요구하지 않기로 하였다. 73편을 가려뽑아 첫시집 『테이블 전쟁』을 펴낸다.

그의 시를 한마디로 규정하기는 어렵다. 시는 다듬어지지 않았고, 어떤 틀 속에 갇히기를 거부한다. 그의 시는 정직하지 않으며 읽는 사람을 불편하게 만든다. 세상과의 불화이며 소통 부재이다. 그러나 그의 시는 첨단이다. 미국인의 눈으로 사물을 파악하고, 우리가 미처 갖지 못한 점을 시로 쓴다. 한국문학에 길들여지지 않은 한국문학, 그의 시는 다듬어지지 않았으나 묘한 매력을 발산한다. 엄밀한 의미에서 이방인의 눈으로 한국을 관찰한 시라고 할 수 있다.

미국 방문을 몇 시간 앞두고 졸속으로 맺은 이명박 정부와 주권을 포기한 조공 수준의 미쇠고기 협상으로 나라가 용광로처럼 들끓고 있다. 수십 만 명이 밤낮없이 릴레이로 펼치는 촛불문화제에서 민심은 이미 그에게 등을 돌렸다. 거기다 영어몰입식 교육이다, 대운하다 등으로 눈과 귀를 다 막은 소통 부재의 이 때 미국 청년 제이슨이 한국어로 첫시집 『테이블 전쟁』을 출간

한다. 미국의 눈치를 살피며 미국식으로 살아가고자하는 줏대없는 위정자들, 소위 이 땅의 알량한 지식인들에게 제이슨의 한국어 시집 출간은 상징적이며 역설적 미학을 제공한다. 영어와 한글의 동거, 묘하다면 참 묘한 인연이다.

4

제이슨은 한글로 시를 쓰는 유일한 미국인인지도 모른다. 이 사실 하나만으로도 우리에게 경이로움으로 다가온다. 제이슨은 한글로 시를 쓰는 희귀식물이다. 그는 어쩜 전생에 한국인이었는지도 모른다. 나는 그런 그가 한국에서 학위도 마치고, 한국여인과 결혼도 하여 이 땅에 정착하여 살기를 청원한다.

그는 단순히 한글로 시를 쓰는 신기한 미국인이 아니라 시의 폭과 넓이, 깊이를 더해 한국문학의 몽리 면적을 넓히는 진정한 작가가 되기를 빈다. 또한 욕심을 더 보탠다면 한국문학이 제이슨을 통하여 세계의 문학으로 나아가는 교두보가 되기를 기원한다.

제 이 슨

1980년 미국 미시시피에서 태어나
미시시피주립대학교 영문과를 졸업했다.
2003년 한국에 온 뒤 대구가톨릭대학교에서 객원강사로 있다.
올 2학기 동 대학교 국어국문학과 대학원에 입학하여
한국문학을 전공할 예정이다.

테이블 전쟁

초판 1쇄 펴낸 날 / 2008년 6월 30일

지은이 / 제 이 슨
펴낸이 / 박 진 환

펴낸곳 / 만인사
등록번호 / 1996년 4월 20일 제03-01-306호
주소 / (우)700-813 대구광역시 중구 대봉2동 743-7
전화 / (053)422-0550
팩스 / (053)426-9543
홈페이지 / www.maninsa.co.kr

ISBN 978-89-88915-89-9 03810

값 6,000원